Der Schlierseer Winkl

Der Schlierseer Winkl

Schliersee Fischbachau Bayrischzell
Spitzingsee

Farbfotos von R. Peter Bachhuber
Text von Friedl Wegmann

OREOS VERLAG

Autoren und Verlag bedanken sich herzlich für ergänzendes Bildmaterial
bei Herrn Sepp Käser, Schliersee (Seite 63, 68, 74, 83, 102),
Herrn Paul Fromm, Schliersee (Seite 41),
Herrn Hans Peter Abele, Mannheim (Seite 40, 62, 67),
Foto-Roth, Schliersee (Seite 73)
und dem Archiv der Gemeinde Bayrischzell
(Seite 98, Foto Hahn, Wolfratshausen).

© 1993 OREOS Verlag GmbH, 83666 Schaftlach
Lektorat: Margarete Lachenmann, München
Farbreproduktionen: Penta-Repro GmbH, München
Satz: OREOS Verlag GmbH
Layout: Caroline Bichler
Karte: Kartographie Huber, München
Druck und Einband: aprinta, Wemding
Printed in Germany   ISBN 3-923657-40-4

Inhalt

Der Schlierseer Winkl

Seite 7

Bildteil

Seite 31

Anhang

Seite 117

Der Schlierseer Winkl

Herrgott, ist heut' ein schöner Tag, und so leicht und lustig ist's zu wandern! Hoch überm Tal weht ein Lüfterl, blau und silbern schillert drunten der leicht bewegte See, Segelboote mit ihren bunten Spinnakern gleiten dahin. Der Schliersee liegt eingebettet in eine weite Moränenmulde, von den Resten der eiszeitlichen Gletscher vor 15000 Jahren am Kirchbichl gestaut, umrahmt von sanft ansteigenden Bergen in einer Landschaft, deren Gebirgsentstehung aus der Zeit des Tertiärs ca. 30 Millionen Jahre zurückliegt.

Romantisch schwärmt der bekannte Reiseschriftsteller Ludwig Steub um 1830: »Von allen Landschaften im bayerischen Gebirge ist keine so regelrecht wie diese in Schliers, so künstlerisch geordnet mit bedeutsamem Vordergrund, den die laubreichen Dörfer Westenhofen und Schliers mit ihren spitzen Kirchtürmen bilden, in grünem Rahmen und großartigem Hintergrund der Berge am Schlusse, in dem das Dörflein Fischhausen fast verschwindet, unvergleichliches Bild eines lieblichen Hirtentales..., Schliersee ist ein steinalter Ort und hat eine würdige Urgeschichte...«. Der »Schlierseer Winkl« darf sich noch heute mit seinem glitzernden See zu den schönsten und reizvollsten Landschaften Oberbayerns zählen. Heimat, an der die früheren Bewohner mit der gleichen Liebe hingen wie die heutigen, die das Glück haben, hier leben zu dürfen – in einer bezaubernden Landschaft, die den Lebenskreis formt, mit heiterem weiß-blauem Himmel oder bis zum See herabhängenden Wolken, sommerlicher Schwüle oder trockener Hitze, erfrischendem Regen, schneereichem Winter – dem ewigen Kreislauf der Natur.

Wir verschnaufen auf der Hausbank des seit 1500 nachgewiesenen »Riß«-Bergbauernhofes, ein sanftes Mailüfterl streicht über die goldgelben Löwenzahnwiesen, Kirsch- und Apfelbäume um den Hof sind eingehüllt in dicke Blütenschleier. Die altehrwürdige Kirche St. Sixtus mit dem spitzen Turm ist der Mittelpunkt von Schliersee. Wie ein Smaragd liegt unter uns der 2,6 Kilometer lange und 1,2 Kilometer breite See mit der kleinen Insel Wörth. Der östliche Uferstreifen zeigt sich nur im Ortsbereich bebaut, der größte Teil des Seeufers ist zugänglich. Die ansteigenden grünen Matten spiegeln sich im See, gehen über in Mischwald und enden in den Schroffen.

Wie an einer Perlenkette reihen sich Huberspitz und Gindelalm, Kreuzberg, Baumgarten und Lahnerkopf, das dunkle Band der Westerberge, die leuchtenden Kalksteingipfel der Bodenschneid, Dürnbachwand und Brecherspitz, die grünen Almmatten in der Senke des Spitzingsattels und das breitgelagerte Massiv des Jägerkamp aneinander. Dahinter der Rotwandgipfel – 1884 Meter hoch – und die Felsenpyramide der Aiplspitze, in deren Gipfelregion sich noch die letzten Schneefleckerl halten. Im Vordergrund ruht der mächtige Waldbuckel der Leitnernase mit dem Felsenband und den uralten Mauerresten der Burgruine Hohenwaldeck, einst Sitz der Landesherren. Nach Osten hin erstrecken sich Breiten- und Schliersberg, die von Schliersee die rauhen Nordostwinde abhalten. Hier oben kann man tief durchatmen und sich kaum satt sehen an dieser eindrucksvollen Landschaft mit ihren unvergeßlichen Bildern. Es wird ganz ruhig, bis die Abendglocken von St. Martin, der Urpfarrei in Westenhofen, St. Sixtus, St. Georg am Weinberg, der evangelischen Christuskirche von Architekt Olaf Gulbransson und am Südende des Sees die Wallfahrtskirche St. Leonhard den Feierabend einläuten. Das alte Liedl stimmt schon: »Ja Schliersee, des is halt a Platzerl...«

Diese Kulturlandschaft im Tal und die alpine Landschaft der Almen haben unsere Bauern über viele Geschlechter hinweg geschaffen, geprägt und erhalten, sie sind heute noch unsere zuverlässigsten Landschaftspfleger. Wir bewundern die mit reichem Blumenschmuck und Fassadenmalerei versehenen Bauernhöfe und Handwerkerhäuser sowie die edlen ortsbestimmenden Kirchen und Kapellen, Maibäume und Feldkreuze. Der langgestreckte Baukörper des Bauernhauses mit flachgeneigtem Satteldach, übernommen von der Urform des Einfirsthofes, beherrscht seither die Schlierseer Hauslandschaft. Schliersee hat in der großen Linie seine Bautradition bewahrt, und ihr fühlt sich noch immer das heimische Handwerk verpflichtet.

Es ist verständlich, wenn die Zahl der Gäste, die der Faszination des Schlierseer Winkls verfallen, immer größer wird. Sie alle, Einheimische und Gäste aus nah und fern, eint die Zuneigung und Liebe zum Reiz dieser Landschaft.

Schliersee ist ein altbekannter, traditionsbewußter Höhenkurort und liegt am gleichnamigen See, 777 Meter über Meereshöhe. Er bietet mit seinem klaren Wasser neben Badefreuden vielerlei Möglichkeiten wassersportlicher Betätigung wie Segeln, Rudern, Surfen, Angeln. Elektroboote und Motorschiff ermöglichen mühelos beschauliche Bootsfahrten inmitten bewaldeter Berge und Höhen.

Die durch ausgedehnte Bergwälder gefilterte frische Gebirgsluft macht das Wandern und Bergsteigen in stiller Abgeschiedenheit zu einem Jungbrunnen für Leib und Seele. Großzügige Tennisanlagen direkt beim Kurpark am See und in einer Waldlichtung am Hachelbach stehen dem Erholungssuchenden zur Verfügung. Der durch den bekannten hohen Erholungswert gekennzeichnete Winterurlaub bietet schneesichere Skipisten und Langlaufloipen im Spitzinggebiet, Loipen im Tal sogar mit Flutlicht, aber auch Eissportmöglichkeiten auf dem zugefrorenen Schliersee und dem Spitzingsee oder Rodelfreuden und Wanderungen in verschneiter Gebirgslandschaft. Viele gepflegte und sehr gemütliche Gaststätten sorgen das ganze Jahr über für das leibliche Wohl und genügen allen Ansprüchen.

Bauerntheater, Heimatabende, Trachtenfeste, Kur- und Kammerkonzerte, Orts- und Kirchenführungen und vieles andere mehr tragen zur Zerstreuung, Freude und abendlichen Unterhaltung der Gäste bei und lassen sie teilhaben an heimatlichem Leben und Brauchtum. Vielen von denen, die über lange Jahre hinweg ihren Urlaub in Schliersee verbrachten, ist so der Ort zur zweiten Heimat geworden.

1200 Jahre Geschichte

Kloster Slyrse – Landesherren Hohenwaldecker

Nach der gut erhaltenen Stifterurkunde vom 21. Januar 779, aufbewahrt im Bayerischen Staatsarchiv, gründeten fünf adelige Brüder – vielleicht aus dem Geschlecht der Waldecker – an der Südseite des Kirchbichls in Westenhofen ein Sippenkloster mit Gotteshaus. Sie rodeten gemeinsam mit den Ureinwohnern das Land und erfüllten es mit benediktinischem Geist. In weltlichen und geistlichen Angelegenheiten unterstellten sie das Kloster dem Bistum von Freising. Vermutlich fiel das Kloster schon um 900 bei einem Magyareneinfall der Zerstörung anheim.

Erst 1141 gründete Bischof Otto I. von Freising ein Augustiner-Collegiatstift am Platz der heutigen Pfarrkirche St. Sixtus. Die Kanoniker wohnten nicht in einem Klostergebäude, sondern in 14 kleinen selbständigen Höfen, die ihnen, neben dem Zehenten, den Lebensunterhalt sicherten. Nur zu den täglichen Chorgebeten trafen sich die Geistlichen in der 1141 erbauten dreischiffigen romanischen Stiftskirche. Als Pfarrpatron wählten sie den hl. Märtyrer-Papst Sixtus II., den auch die Gemeinde im Wappen trägt.

Nach einem Brand 1348 entstand die neue gotische Kirche auf den alten Fundamenten. Doch die Freiheit, in eigenen Häusern wohnen zu dürfen, scheint den Chorherren nicht bekommen zu sein. Herzog Albrecht IV. löste 1495 mit Zustimmung des Papstes das Stift auf und verlegte es zusammen mit dem Kloster Ilmmünster zum Domkapitel bei »Unserer lieben Frau«, der Frauenkirche in München. Dorthin brachte man auch alles bewegliche Inventar und das wertvolle Silberreliquiar mit dem Haupt des Pfarrpatrons St. Sixtus. Neben den von München ernannten Seelsorgern wurde ein weltlicher Probst eingesetzt.

Trotz Abhängigkeit vom Domkapitel München wurde durch den tatkräftigen Pfarrherrn Daller mit Zustimmung der Landesherren, der »Hohenwaldecker«, nach dem Dreißigjährigen Krieg die baufällige Kirche abgebrochen. 1712 bis 1714 wurde sie als Wandpfeilerkirche auf den alten Fundamenten neu erbaut. Baumeister war Caspar Gläßl, der auch die Klosterkirche von Weyarn schuf; Stuck, Deckenfresken und Altarentwürfe stammen von der Hand Johann Baptist Zimmermanns. 1715 erfolgte die Kirchenweihe durch den Freisinger Fürstbischof Johann Franz Ecker.

Mutterkirche der ganzen Gegend war jedoch St. Martin in Westenhofen. Von ca. 800 bis 1884, also über 1000 Jahre lang, war sie die Pfarrkirche des Tales einschließlich Agatharied. Von Nordwesten her, über den Kirchbichl kommend, erkennt man noch heute die beherrschende Lage der Kirche über das ganze Schlierseer Tal.

Das Gebiet zwischen der Tiroler Grenze im Süden bis zur Klause in der Valepp und dem Taubenberg im Norden, mit den Orten Aurach, Schliersee, Wörnsmühl, Parsberg, Miesbach und Pienzenau, ein Flurbereich mit einer Längsausdehnung von 27 Kilometern, war fast 1000 Jahre lang das selbständige Land der Grafen von Waldeck, zugleich Ministeriale des Freisinger Hochstifts und Schutzvögte des Klosters. Diese Edlen von Waldeck, die in hohem Ansehen bei bayerischen Herzögen und Kurfürsten standen, waren die Herren der nach ihnen benannten Grafschaft »Hohenwaldeck« mit Burgen in Parsberg, Altenwaldeck, Hohenwaldeck, Hochburg, Miesbach und Schloß Wallenburg. Geschickt hatten sie sich allen Einverleibungsabsichten der bayerischen Herzöge widersetzt. 1483 starb jedoch ihre männliche Linie aus. Die Herrschaft als »Freie Reichsgrafschaft«, gesichert durch den »Salzburger Vertrag« von 1540, übernahmen die verwandten Grafen von Maxlrain. Nachdem auch dieses Geschlecht im Mannesstamm 1734 ausgestorben war, kam die Reichsgrafschaft zum Kurfürstentum Bayern. Die selbstbewußten Waldecker hatten sich also lange dagegen gewehrt, im Bayernland aufzugehen. Vom Freiheitsdrang derer von Waldeck kündet die gut erhaltene Burgruine »Hohenwaldeck« mit römischem »Buckelmauerwerk« auf steilem Felssporn, 200 Meter über dem Seespiegel in Fischhausen gelegen. Von dort ließ sich einst der Nordteil ihres Herrschaftsbereiches bis zum Taubenberg kontrollieren. Auf der Suche nach der verlorenen Zeit lohnt der Aufstieg mit bezauberndem Panoramablick. So manchem, der den Abstieg erst im Mondlicht wagte, soll dabei der legendäre Burggeist begegnet sein!

1979 feierte Schliersee glanzvoll sein 1200jähriges Jubiläum. Höhepunkt der festlichen Veranstaltungen war der 27. Mai, ein strahlender Frühlingstag, mit einem von Kardinal Ratzinger zelebrierten Festgottesdienst in der St.-Sixtus-Pfarrkirche und anschließendem Festakt in Anwesenheit des Kardinals und des damaligen bayerischen Ministerpräsidenten Franz Josef Strauß. Am Nachmittag bewegte sich dann der Festzug, der die ganze 1200jährige Geschichte Schliersees darstellte, durch die Straßen. Seine sorgfältig zusammengestellten Gruppen verrieten die Freude ihrer Gestalter und Organisatoren an ihrem Werk. Den Fanfaren, Pfeifern, Trommlern, Benediktinermönchen des Urklosters Slyrse, Stiftsherren, kunstvoll gefertigten Modellen der Kirchen Schliersees und der Burg »Hohenwaldeck« folgten 32 Festwagen, zu Pferd und zu Fuß Edeldamen, Ritter und speerbewaffnete Mannen. Einem historischen Hochzeitszug mit Kammerwagen und Brautkuh – um 1800 – mit den nach Lorenzo Quaglios Aquarellen angefertigten Trachten folgten die schönen Schalkfrauen und

die Trachtenvereine. Weiter ging es mit Jagdtrophäenwagen, Holzfuhrwerken, Jungbauern-
gruppen mit alten Arbeitsgeräten, einem Festwagen der Hoffischergruppe, historischen
Gebirgsschützen, Bergknappen, Bandltanzgruppen und Truhenwagen. Zimmerer und Stukkateure, zunftmäßig auf geschmückten Gefährten versammelt, erzählten von der großen
Schlierseer Handwerkstradition. Bis hin zu Postkutsche und Stellwagen zog all das vorüber,
was das Bild der Gemeinde im Laufe der Jahrhunderte geprägt hatte.

Ein heimatkundlicher Spaziergang
durch Schliersee

Jeden, der von Norden her über den Kirchbichl diesen gesegneten Landstrich betritt,
fasziniert der Blick in das weite Rund der Bergkulisse hinter dem eleganten Spitzturm von
St. Martin in Westenhofen – ein begeisternder Willkommensgruß des Schlierseer Winkls
und seiner Kulturlandschaft. Hier beginnt die ortskundliche Führung, die wöchentlich von
Juni bis Oktober durchgeführt wird.

St. Martin gilt als älteste Pfarrkirche des Tales. Ihre Grundmauern, wie auch der Ursprung der Siedlung, reichen ins 8. Jahrhundert zurück. In der heutigen Form wurde sie von
1734 bis 1737 erbaut. Den spätgotischen Turm von 1529 bezog man mit ein. Liebenswerte
Überbleibsel aus früherer Zeit sind die Rokoko-Kanzel und die beiden Renaissance-Seiten-
altäre von 1635. Qualitätvolle Einzelstücke fallen auf: Muttergottes mit Kind, das Weih-
nachtsrelief und die Beweinung Christi, die Hochaltarfigur des hl. Martin – alles Werke aus
der Spätgotik. Das Innere der Kirche wurde 1878 im damaligen Zeitgeschmack umgestaltet.
Im Friedhof liegt das Grab des berühmten Wildschützen Jennerwein: »Er wurde 1878 weg-
geputzt von dieser Erd«, – eher Attraktion als Ort des Gedenkens.

An der Schlierach entlang, einem El Dorado für Wildenten verschiedenster Art, gelan-
gen wir zum Kurweg Nr. 1, der rund um den See verläuft, und begeistern uns am großartigen Panorama. In der Morgensonne strahlt die Pfarrkirche St. Sixtus in lichtem Ocker. Wir
schlendern vorbei am alten Bootshaus mit Steildach und Schindeln, am »Seehäusl«, als
Kaplanhaus schon 1535 nachgewiesen, und dem benachbarten, an die Friedhofsmauer an-
grenzenden Hofhaus, ehemals Wohnhaus der Waldecker und Maxlrainer seit 1600.

Nun stehen wir auf dem gepflegten Friedhof mit sehenswerten schmiedeeisernen und
holzgeschnitzten Kreuzen. Von der Seeseite betreten wir St. Sixtus. Wir sind tief beein-
druckt von dieser großartigen Barock-Wandpfeilerkirche. Mit ihren acht Seitenaltären, dem
dynamisch schwungvollen Hochaltar, dem frühlingshaften Stuck und den duftigen Decken-

fresken, der prachtvollen Kanzel, dem Stuckmarmor-Marienaltar und dem Magdalenen-altar des großen Baumeisters Johann Baptist Zimmermann ist sie ein Kleinod. Besonders eindrucksvoll sind die spätgotischen Holzplastiken des Kirchenpatrons St. Sixtus, des »Gna-denstuhls« von Erasmus Grasser, sowie das lebensgroße Holztafelgemälde der Schutzmantel-madonna über der Sakristeitür, ein Meisterwerk von Jan Pollack aus dem Jahr 1494. Sehr beliebt sind die sommerlichen Kirchenführungen nach dem Sonntagsgottesdienst.

Die Friedhofskapelle St. Nikolaus schmückt ein schöner gotischer Flügelaltar von 1541 mit der Plastik des hl. Nikolaus. Bemerkenswert sind die Werke heimischen Stucks der Schlierseer Maurer- und Stukkateurgilde von 1635.

Wir sind im historischen Ortskern. Gegenüber dem Friedhofvorplatz steht kraftvoll der denkmalgeschützte, Anfang des Jahres 1721 erbaute Pfarrhof. Mit viel Einfühlungsver-mögen wurde er jüngst unter Wahrung des Altbestandes von Stuck, Gewölbe und Stiegen-haus zum Pfarrheim mit Bücherei umgebaut.

Wir gehen weiter, vorbei am Jubiläumsbrunnen – errichtet 1980 zur Erinnerung an die 1200-Jahrfeier –; er stellt ein junges Schlierseer Paar in historischer Tracht aus Bronze dar, unter dem Motto: »Tradition bewahren, in die Zukunft schauen«. Die Platzwahl gegen-über dem Heimatmuseum könnte nicht besser sein. Das Museum ist ein Chorherrn-Bauern-haus im Urzustand von 1500, angebaut an den mit Natursteinen ausgeführten, 100 Jahre älteren Waldeckerbau mit dem einzigen mittelalterlichen Saal des Landkreises. Von 1555 bis 1736 war es Heimstätte der berühmten Stukkateurfamilie Zwerger. Mittelpunkt des Mu-seums ist die offene Rauchkuchel, eine der letzten in Bayern, die sich über zwei Geschosse bis zum Dach erstreckt.

Gewölbe und Stuben mit Holzdecken verschiedenster Form beherbergen volkskundli-che Kostbarkeiten: die von den heimischen Meistern Pöheim und Pichler bemalten Schlier-ser Kästen, Truhen und Himmelbetten sowie die Hafnerware und Kachelöfen der schon seit 1500 tätigen Urtelbacher. Sie sind von so hoher Qualität, daß sie auch im Nationalmu-seum in München und im Germanischen Museum in Nürnberg zu bestaunen sind. Wie stolz können die Schlierseer auf dieses Heimatmuseum sein, zählt es doch zu den stilvollsten nichtstaatlichen Museen Bayerns!

Gegenüber liegt das »Mesnerhaus«, seit 1505 »zum Sixten« beurkundet. Von hier ist es nur ein Katzensprung zum »Bot-Mair«, einst Münchner Bote; ein Hof, der bereits 1508 als altes Klostergütl erwähnt wurde und mit seinem überquellenden Blumenschmuck schon von weitem auffällt. Mit dem Nebengebäude unter den Arkaden und dem Musikantenbrun-nen bildet es ein kleines Ensemble, ein reizvolles Schmuckstück im Ortszentrum.

Den würdigen Abschluß des Ortskerns nach Osten bildet das stattliche, prächtige Rat-haus, eines der schönsten Oberbayerns, als Richterhaus der Hohenwaldecker um 1460 erbaut. Es wurde 1920/21 unter geglückter Einfügung schöner vorhandener Bauelemente umgebaut: dem alten Giebel mit Bundwerk, geschlossenem gotischen Balkon und der geschnitzten gotischen Decke im Rathaus-Sitzungssaal.

Rundum scharen sich die alten Chorherren-, Handwerker- und Bauernhäuser aus dem 15. und 16. Jahrhundert, Einfirsthöfe, früher landwirtschaftlich genutzt, mit vielen gut erhaltenen Details und Fassadenmalereien. Da gibt es um den Weinberg den »Kirchbäck«, das »Florihaus« – lange Wohnsitz der Unterpröbste Rechthaler –, das stilvolle »Ledererhaus«, den »Vierzger-Schuster«, »Rothmaurer«, »Bauernbader« und das »Radspielerhaus«, den »Wagner«, »Schneider« und »Rechtl«. Am Fuße des Weinbergs erreichen wir den Xaver-Terofal-Platz mit seinem kunstvollen Maibaum und dem Bauerntheater, erbaut 1892 durch den Münchner Architekten Emanuel Seidl, mit der alten Tafernwirtschaft »zum Neuwirt«, jetzt »Hotel Terofal«.

Auf einem Wiesenpfad besteigen wir von der Nordseite den Weinberg, eine Anhöhe, an deren Südseite die Mönche damals noch Wein anbauten. Oben steht die um 1250 zum ersten Mal erwähnte Kapelle St. Georg. Wir rasten unter einer 600 Jahre alten Linde. Weit geht der Blick von hier ins Tal: im Vordergrund St. Sixtus und der alte Ortskern, dahinter der See und die Bergkulisse in ihrer ganzen Pracht.

Mittelpunkt des kleinen Gotteshauses mit seinem Rippengewölbe ist der Hauptaltar mit St. Georg dem Drachentöter unter dem Triumphbogen des Meisters Zwick aus Miesbach von 1624. Im Gegenlicht der bleiverglasten Fenster erscheint dieses Schnitzwerk überaus erhaben. Der Altaraufbau trägt noch das Predellbild des alten Altares, eine Kreuztragung Christi von 1570. Der linke St.-Leonhards-Altar, 1628 von Graf Wilhelm IV. Maxlrain/Waldeck gestiftet, zählt zu den eindrucksvollsten Beispielen frühbarocker Altarbaukunst im Landkreis Miesbach. Plastiken und die Rokokogemälde der Bauernheiligen Notburga und Isidor geben uns wichtige Hinweise über das Aussehen der damaligen Tracht. Die im Sommer allwöchentlich abgehaltene Abendmesse bei Kerzenlicht hinterläßt einen unvergeßlichen mystischen Eindruck.

Bevor wir in den Ort zurückkehren, fällt unser Blick auf eine sonnige Anhöhe gegenüber mit der gemütlichen Stögeralm, die uns zur Einkehr lockt. Am »Osterbacher Stöger« vorbei und dem »Weber am Osterbach«, seit 1538 – jetzt Siebzehnrübl –, erreichen wir die Seeanlagen am 3-Sterne-Hotel »Schlierseer Hof« mit seinem schattigen Biergarten direkt am See. Dort erwartet uns das Motorschiff. Beim beruhigenden Dahinschippern sehen wir im grünen Anger am Gstad, noch unverändert im Stil, das Fischerhaus »zum Weindl« und das reizvolle Häusl »zum Spieß«. Entlang dem unbebauten Ostufer mit seinen weiten Wiesenhängen am Fuß der Leitnernase mit den mächtigen Felsbändern erreichen wir am Südende des Sees die alte Siedlung Fischhausen. Dort grüßt uns schon von weitem der schlanke Spitzturm der Wallfahrtskapelle »St. Leonhard«. Ein anziehenderes Bauwerk, so harmonisch in die Landschaft eingebunden, ist kaum denkbar. Wir wandern den alten Wallfahrerweg entlang, auf dem seit Generationen die Leonhardifahrt hinaufzieht. Eine 300 Jahre alte Linde schützt die Kapelle vor Weststürmen. Während draußen der Verkehr vorbeiflutet, genießen wir im Inneren dankbar die beschauliche Stille, die uns in diesem barocken Zentralbau umfängt. Viehseuchen und Kriegsnot nach dem Dreißigjährigen Krieg ließen die Fischhauser Bauern das Gelöbnis erfüllen, aus Dank für überstandene schlechte Zeiten diese Wallfahrtskapelle zum hl. Leonhard zu erbauen, die 1657 eingeweiht wurde. Die Schlierseer Maurermeister und Stukkateure Zwerger waren die Gestalter und Erbauer. Der Hauptaltar St. Leonhard und die beiden Seitenaltäre mit ihren Plastiken und Bildern, besonders einer Madonna mit Kind auf Wolken (um 1550), sind die beeindruckenden Schmuckstücke der Kapelle. Wir erinnern uns daran, daß Dominikus Zimmermann die Idee dieses Zentralbaus mit seinen Apsiden als Anregung für seine Kirche »in der Wies« übernommen haben soll.

Schlierseer Gastlichkeit

Gastfreundschaft entspringt einem tiefen Bedürfnis der Menschen. In allen Kulturkreisen war sie heilig. Das Kloster Slyrse bot Herberge für weltliche und geistliche Würdenträger, aber auch für Scholaren und Wanderer. Der Wildreichtum um den Schliersee lockte schon im Mittelalter Edle und Herren zur Jagd nach Schliersee. Die Jagdgesellschaften fanden ursprünglich im Kloster, später in den Höfen der Chorherren, Herberge und Gastfreundschaft. Erst nach der Verlegung des Stiftes durch Herzog Albrecht IV. 1496 zur neu erbauten Frauenkirche in München entstanden die weltlichen Herbergen. Die bereits seit 1465 durch Erbauseinandersetzung nach dem Tod des Landesherrn Jörg von Waldeck nachgewiesene Tafernwirtschaft »zum Partenhauser« war die älteste. Sie wurde im 19. Jahrhundert nach der berühmten, schönen Wirtin »zur Fischerliesl« benannt, war Posthaltestelle und bekam schließlich den noch heute gebräuchlichen Namen »zur Post«.

Die zweite Tafernwirtschaft des Dorfes war die seit 1494 nachgewiesene Gastwirtschaft »Neuwirt«. Sie erhielt 1623 von den Landesherren das Schankrecht, wurde später in »Seehaus« umbenannt und von Terofal zu einem ansehnlichen Landgasthof erweitert.

»Gut Essen und Trinken halten Leib und Seel z'amm«, das wußten auch die Altvorderen aus dem Schlierseer Winkl. In allen Ortsteilen entstanden die Wirtschaften: 1720 »der Wirt im neuen Haus in der Au« in Neuhaus, 1791 die Wurzhütte am Spitzingsee mit ihren Kräuterspezialitäten, 1841 das königliche Forstgasthaus in der Valepp, 1889 der »Gasthof Niederwaldeck« im seit 1501 nachgewiesenen Viehhof »zum Sixt« in Fischhausen, 1893 der Gasthof »Prinzenweg« in Westenhofen auf einer seit 1550 bestehenden Hofstelle.

Als durch die Säkularisation im Jahre 1803 dem Tegernseer Kloster der Todesstoß versetzt wurde und das Tal in Not und Bedrängnis geriet, wollte es ein gütiges Schicksal, daß sich König Max I. 1817 in die Gegend verliebte und den Restbestand der Abtei zur Sommerresidenz ausbaute. Dies geriet auch den Schlierseern zum Vorteil. Bereits im gleichen Jahr ließ der König den »Prinzenweg« zwischen Schliersee und Tegernsee nach Plänen von Kobell anlegen. Diesen Weg benutzten er, seine königliche Familie und die Hofgesellschaft, besonders aber die jungen Prinzen zu Pferde oder zu Fuß, um zum Schmaus bei der »Fischerliesl« einzukehren. Ihnen allen hatten es die »Fischerliesl« und die Schlierseer Dirndl angetan. Die hohen Besuche trugen maßgeblich dazu bei, daß die idyllische Lage des Schliersees rasch weithin bekannt wurde. Oberbayerische Berg- und Seelandschaften gehörten im 19. Jahrhundert zu den beliebtesten Motiven der bayerischen Landschaftsmaler. Die Maler Lorenzo Quaglio, von Kobell, Scheuchzer, Dorner, von Dillis, Neureuther, Wagenbauer, Warnberger, Heinzmann, Peter von Hess, Spitzweg, Kaulbach, Karl Haider – ein Freund Wilhelm Leibls – und viele andere kamen mit ihrem großen Freundeskreis aus der Residenzstadt zum Schliersee, hielten Land und Leute in ihren Werken fest und machten so den Schlierseer Winkl als Sommerfrische im weiten Umkreis bekannt. Bereits 1848 gab es eine handgeschriebene »Fremdenliste« von 48 Gästen. Höhepunkt der Entwicklung zur »Sommerfrische« war die berühmte Bayernreise König Max II. 1856 von Lindau nach Berchtesgaden – zu Fuß und zu Pferd –, die den hohen Gast mit großem Gefolge am 24./25. Juli auch nach Schliersee führte. Die ganze Bevölkerung, noch vom letzten Einödhof kommend, war auf den Beinen. Mit Bergfeuern, Fackeln und bengalischem Feuer wurde dem Regenten ein begeisterter Empfang zuteil. Noch heute erfreuen Seefeste und Großfeuerwerke am Schliersee und Spitzingsee Einheimische und Gäste. Den Schriftsteller Freiherr von Perfall zog's 1890 mit seiner Frau, einer bekannten Wiener Burgschauspielerin, zum Schliersee in die nach ihm benannte »Perfall-Villa« direkt am Seeufer. In seinen Novellen und besonders den Jagdromanen setzte er Land und Leuten vom Spitzingsee bis zur Valepp ein Denkmal.

Bereits 1869 fuhr die erste Eisenbahn mit täglich vier Personenzug-Paaren von München nach Schliersee und brachte viele Gäste. Deshalb mußte die »Sommerfrische« noch ansprechender gestaltet werden, und so gründete man bereits 1882 einen der ältesten Verkehrs- und Verschönerungsvereine in Bayern. Die Mitglieder von damals waren emsig, und Gemeinschaftshandarbeit war selbstverständlich: sie pflanzten schattenspendende Bäume, legten Grünanlagen, Wege und Stege an und stellten Ruhebänke und Wegweiser auf. 1903 entstand der Serpentinenweg zur Schliersbergalm und die vereinseigene Anlage auf der Hochburg mit dem Karl-Haider-Denkmal. Die Deutsch-Österreichische Alpenvereinssektion Schliersee, gegründet 1902, teilte sich die Arbeit mit dem »Verkehrs- und Verschönerungsverein«, betreute die heimischen Berge bis zu den Gipfeln mit neuangelegten, gut markierten Wegen und errichtete Gipfelkreuze auf den meistbegangenen Bergen.

Heute stehen den Gästen im Höhenkurort und Wintersportplatz Schliersee mit seinen Ortsteilen Fischhausen, Neuhaus, Josefsthal und Spitzingsee Unterkünfte in zeitgemäßen Privatquartieren, familiengerechten Ferienwohnungen, behaglichen Gasthöfen, stilvollen Gästehäusern und anspruchsvollen Hotels zur Verfügung. Schliersee und Spitzingsee verfügen in gehobenen Hotels über Tagungskapazitäten mit entsprechendem Fitnessangebot.

Nicht weniger beliebt ist der »Urlaub auf dem Bauernhof«. Dies ist keine Erfindung der Neuzeit, denn die Bauern vermieteten schon zu Anfang des vorigen Jahrhunderts ihre guten Kammern an die »Herrischen«, die für mindestens vier Wochen mit Kind und Kegel und ihren dienstbaren Geistern aus der heißen Stadt flüchteten und hier neue Kräfte schöpften.

Das 1972 erbaute moderne Kurzentrum in schöner Lage am See, das dem Charakter der Landschaft leider nicht ganz entspricht, stellt mit seinem Hallenbad, der medizinischen Badeabteilung, mit Restaurant und Kegelbahnen sowie Tagungsräumen, eine wichtige Einrichtung des Kurorts dar.

Um die Gastlichkeit – eingebunden in einen sanften Tourismus – in einer intakten Landschaft zu pflegen, waren Schutz und Erhaltung der Natur schon immer ein besonderes Anliegen der Bürger unseres Winkls. Die Skigebiete sind mit Abfahrten und Aufstiegshilfen voll erschlossen. Man ist dankbar, daß in diesem von der bayerischen Landesregierung festgelegten Landschaftsschutzgebiet weitere Erschließungen in Zukunft unmöglich sind.

Sorge bereitet die Zunahme des Straßenverkehrs mit allen seinen Folgen für die Umwelt. Hier sind die Gemeindeparlamente, Landratsamt und Staatsregierung gefordert, ein übergreifendes Verkehrskonzept mit Einschränkung des Individualverkehrs unter Einbeziehung der öffentlichen Verkehrsmittel zu entwickeln.

Tracht – Volkstum – Brauchtum

Im Standardwerk »Baierische Volkstrachten«, herausgegeben von C. Rheinwald 1804, gezeichnet von L. Neureuther – ein Geschenk an den Staatsminister Graf von Montgelas – werden der Schlierseer Bauer als »schlank, kräftig und groß« und seine Mädchen als »des Schliersthals schönster Schmuck...« beschrieben.

Der Trachtenverein »Schliersee Stamm von 1886«, einer der ältesten in Bayern, Bewahrer trachtenverbundenen Brauchtums, trägt das originalgetreue Trachtengwand und vermittelt seiner Jugend die Freude an Schuhplatteln und Volkstanz, Volksmusik und Gesang. 1924 wurde noch der Trachtenverein Waxenstoana gegründet.

Ein farbenprächtiges Bild bieten die Trachtler mit ausgestickter schwarzer Lederhose, hellgrauer Joppe, Scheibling mit Reiherfeder, oder dem noblen schwarzen Männer-Festgwand mit »fürigschnittner« Hose und schwarzem Scheiblinghut, ebenso die Schalkfrauen im edlen schwarzen Seidengwand und leuchtendem Blumenschmuck und die farbfrohen Miederdirndl mit Silbergeschnür, Goldschnüren, Kropfband und Quasten am Hut. Die historische Gebirgsschützenkompanie Schliersee-Agatharied, die zur Traditionspflege wesentlich beiträgt, wurde 1632 von den Landesherrn als Heimatschutz gegen die Schweden und Tiroler gegründet. Sie rekrutiert sich heute noch aus den gleichen Pfarreien und präsentiert sich in eindrucksvoller Montur: Bundlederhose, kunstvoll gestrickte Strümpfe, grüner Lodenschützenrock, Stopselhut mit Spielhahnfedern und Geranienzier, den Stutzen geschultert. Als Farbtupfer die jungen, hübschen Marketenderinnen im langen Seidenmiedergwand. Seit dem Jubiläumsfestzug 1979 gesellte sich die Alt-Schlierseer Trachtengruppe dazu, nach dem historischem Abbild, wie es Neureuther und Quaglio festgehalten haben. Mit Liebe zum Detail stimmt hier alles überein: wunderbar gold- und silberbestickte Mieder, Leinenblusen, farblich abgestimmte Röcke, Stopselhüte mit Gold- oder Silberschnüren, bei den Männern erdfarbene Jacken, federkielgestickte Geldkatzen und Stopselhüte.

Der legendäre Förderer alter Volksmusik, Kiem Pauli aus Kreuth, hat 1930 zum ersten großen Oberbayrischen Preissingen in Egern auch die talentierten Schlierseer Volkssänger Kielechner Liab, Markhauser Gustl und Stöger Hansl eingeladen, da ihm bekannt war, daß Schliersee lange vor der Jahrhundertwende als Hort echter Volksmusik galt. Mit diesem Preissingen hat er die Renaissance des alpenländischen Volksliedes eingeleitet.

Seit 1860 existiert die Schlierseer Musikkapelle vom Ledersberg, die in den dreißiger Jahren als »Kurkapelle Schliersee« auch zu Kurkonzerten nach Tegernsee und Egern in den Seeanlagen verpflichtet wurde. Wie beliebt diese dort waren, beweisen Zeitungskritiken aus dieser Zeit. Sie erfreut noch heute unsere Kurgäste und Einheimischen. Durch zwei Generationen hindurch lagen 80 Jahre lang Einstudierung und Leitung der Kurkapelle in den bewährten Händen der Schlierseer Musikerfamilie Reil.

Das singende und klingende Tal hat seinen Namen nicht zu unrecht: In späteren Jahren kam die Fuchs Liesl, das »Lercherl vom Josefsthal« dazu; der Alpenchor Schliersee, gegründet 1895, erlebte nach dem letzten Krieg unter Alois Wolf einen Neubeginn und ist heute mit jungen Chorleitern weit über die heimischen Grenzen hinaus durch Fernsehen und Rundfunk bekannt, bis hin zum Auftritt im Vatikan vor Papst Johannes Paul II. Und Carl Schwarz, Zither- und Schoßgeigenvirtuose, ist als Komponist unvergessen.

Der Schlierseer Viergesang, die Schlierseer Sänger, die Kögl-Stubenmusi, die Weinbergmusi, die schwungvolle Schlierseer Blasmusik, die Schlierachtaler Musikanten und andere Gruppen der Volksmusik zeigen die Vielfalt des musikalischen Lebens in Schliersee. Die Musikschule fördert talentierten jugendlichen Nachwuchs.

Unverfälschtes Brauchtum zeigt auch der Trachtenverein Schliersee in seinen Heimatabenden im Bauerntheater. Höhepunkte des heimatlichen Brauchtums sind die Trachtenfestzüge, Fronleichnamsprozessionen, Leonhardifahrten und die Fahrt beim »kloana Kirta« mit geschmückten Holzbooten und alten Trachten von Fischhausen nach Schliersee; sie erfreuen Herz und Auge.

Bergidyll, Badefreuden und Skispaß

»Ich bin endlich am Ziel meiner ländlichen Wünsche und ich fühle mich glücklich. Welch ein ganz anderes Erwachen diesen Morgen, als ein erster Blick auf die ehrwürdige Pfarrkirche, den freundlichen See und seine Ufer fiel.« So schrieb der Dichter August von Platen am 3. Juni 1817 nach seiner ersten Nacht im hiesigen Pfarrhof, wo er vier Wochen lang Gastfreundschaft genoß. Freilich ist Schliersee längst nicht mehr das beschauliche Pfarrdorf von anno dazumal. Doch, inmitten einer Landschaft von überschaubaren Dimensionen gelegen, strahlt es nach wie vor liebenswerte Freundlichkeit aus, auch dank des Schönheitssinns und Traditionsbewußtseins seiner Bewohner. Verschwenderisches Grün, eine reiche Alpenflora und gesunde Wälder erfreuen den Naturfreund. Reh, Hirsch und Gams kann man beobachten, Heu- und Stallgeruch liegen noch immer in der Luft. Wo sich Bäume wohlfühlen, kann der Mensch durchatmen und neue Kräfte sammeln. Der anerkannte Luftkurort bietet neben seiner landschaftlichen Idylle auch die Heilkraft seiner hervorragenden klimatischen Lage und seines Waldreichtums.

Vom Schliersee über das alte Fischerdorf Fischhausen nach Neuhaus und Josefsthal mit der historischen Hammerschmiede, die seit 1726 mit Wasserkraft betrieben wird, führt unser Weg zum hochgelegenen Spitzingsee. Er ist Ausgangspunkt für zahlreiche Wanderungen und Gipfelbesteigungen. In grüne Matten eingebettet liegen insgesamt 28 Almen für rund 120 sommerliche Weidetage. Schon 1383 im Almverzeichnis der Klosterbücher von Slyrse nachgewiesen, stellen sie heute eines der letzten großen Almgebiete Oberbayerns dar. Das friedliche Glockengeläut des berühmten buntgescheckten Miesbacher Alpenfleckviehs begleitet den Wanderfreund, dem die Wahl schwerfällt zwischen gemütlichen Wanderungen, Bergtouren oder Kletterei am Taubenstein und den Ruchenköpfen. Nach mühevollem Aufstieg oder kräfteschonender Gondel- oder Sesselbahnfahrt genießt man das erhabene Gefühl des Gipfelglücks und die grandiose Fernsicht in die Gletscherwelt Tirols über Großglockner, Stubai- und Zillertal, ins nahe Rofangebirge oder – als westlichen Abschluß – hinüber zum Karwendel und zur Zugspitze.

Nicht nur Berge bieten sich dem Naturfreund an, sondern auch die ruhigen wald- und sauerstoffreichen Täler um den Schliersee. Erholsame Wanderungen führen entlang frischer Quellbäche im Leitnergraben, im Tufttal mit dem Breitenbach und dem Prinzenweg nach Tegernsee, einst das Jagdrevier des berüchtigten Wildschützen Jennerwein. Hier ist auch der Ausgangspunkt für die leichteren Bergwanderungen zur Gindelalm, Kreuzbergalm und Baumgartenschneid. Die Schliersbergalm ist bequem mit der Kabinenbahn oder auf einem Serpentinenweg vom Ortskern her zu erreichen. Auch an dem 1100 Meter hoch gelegenen Spitzingsee, ein bezaubernder Ort zu allen Jahreszeiten für Sportler und Fußgänger, sind geruhsame Talwanderungen möglich. Dort läßt man den Wagen hinter der St.-Bernhard-Kirche stehen und begibt sich zu Fuß, per Fahrrad, mit der Pferdekutsche oder mit dem Linienbus in das für Autos gesperrte fünf Kilometer lange Hochtal der Valepp zum historischen Forstgasthof und der idyllischen Maria-Hilf-Kapelle, erbaut 1710. Darüber liegt die Ochsenalm, die bereits 1508 im Besitz der Hohenwaldecker war. Seit 1710 vereint der »Valepper Kirta« im August Almleute, Holzknechte und Jäger aus Tirol und Bayern zum Fest. In der Abendstille kann man mit etwas Glück auch ein Steinadlerpaar, das vom Horst am Sonnwendjoch herüber in der Thermik seine Kreise zieht, beobachten.

In diesem wunderschönen Bergkessel der Valepp erfreuen wir uns am Rauschen der Roten Valepp, die sich ihren Weg nach Tirol bahnt und einst eine bedeutende Holztrift war. Hier ist auch der Ausgangspunkt zu den Hochtouren ins Grenzgebirge nach Tirol: im Südosten zum österreichischen Sonnwendjoch, 2000 Meter hoch, in knapp vier Stunden, zum Schinder in drei Stunden über die Trausnitzalm zu erreichen. Nur für Geübte empfiehlt sich der Abstieg nach Norden durch das Schinderkar inmitten einer gewaltigen Felskulisse. All diese Wege und Pfade sind gut markiert, haben teilweise einen steilen Anstieg und verlangen eine gute Kondition und Ausdauer sowie richtiges Schuhwerk und Bekleidung.

Auf halbem Weg an den Valepper Almen vorbei, teils dicht am Bach der Roten Valepp, dann wieder hoch über ihr, erreichen wir nach drei Kilometern die »Waitzingeralm«. Schon König Max II. war mit großem Gefolge auf seiner berühmten Alpenreise am 25. Juli 1856 vom romantischen Valepper Tal begeistert. Die »Waitzingeralm« hat er mit seinem Besuch »beehrt«, wovon eine Marmortafel über der Haustür zeugt. Frische Milch und Butter, von einer Sennerin als verdiente Brotzeit serviert, erfreuten den König und sein Gefolge.

Hier am Südanstieg zur Roten Wand ist der Ausgangspunkt zum Paradies »Pfanngraben«, einer Wanderung für Freunde der Stille in einer seltenen Naturidylle aus Felskulissen und blühenden Bergwiesen mit alten Almen. An den Ufern des Wildbachs, der in Kaskaden von Pfanne zu Pfanne stürzt, locken weiche Hangmulden zur Rast. Rot getüpfelte Forellen tänzeln im Sonnenlicht des Wassers... Diese Pfannen, im Volksmund »Gumpen« genannt, sind in Jahrmillionen entstandene, von reinem Quellwasser in den Kalkstein eingefräste Badewannen von vielfältiger Form, in denen kristallklares Wasser kreist. Auf durchwärmten

Steinen oder weißem Kiesel kann man herrlich sonnenbaden. Dieses Naturjuwel lädt zu einem glücklichen Ferientag mit Badefreuden ein.

Hier beginnt auch der Südanstieg zur Rotwand in knapp drei Stunden. Nach Verlassen der Waldgrenze liegen inmitten einer Parklandschaft die Kümpflalmen; von dort geht es weiter über die Kümpflscharte zur Rotwand, dem vielbegangenen Paradeberg. Die großartige Fernsicht lockt die Menschen, die auch von der Bergstation der Taubenstein-Kabinenbahn aus in einer knappen Stunde vom Lempertsberg durch riesige Almrosenfelder über den Kirchsteinsattel die Rotwand bequem erreichen können. Vom bewirtschafteten, vielbesuchten Rotwandhaus sucht man den Weg nach Osten zum stilleren Miesingsattel, der Scheide zwischen den Almgebieten Kleintiefental auf der Schlierseer und Großtiefental auf der Bayrischzeller Seite. Das ist eine Landschaft, in welcher beinahe die gesamte Alpenflora anzutreffen ist.

Auf gut markiertem Pfad lohnt sich der Aufstieg zum 1883 Meter hohen Großmiesing. Zuerst durch Latschenfelder, dann über das Plateau einer Hochgebirgslandschaft erreichen wir den Gipfel, ein besonderes Erlebnis für Wanderer, die noch die Erhabenheit der Bergwelt in Ruhe ohne Massentourismus genießen wollen. Mit freiem Auge kann man die Kletterpartien gegenüber auf den fast senkrechten, hell leuchtenden Kalkwänden der Ruchenköpfe beobachten.

Wer kennt nicht Schliersees imposantes Wahrzeichen, die Brecherspitze? Parkplatz und Ausgangspunkt für den Aufstieg ist der Bahnhof Fischhausen-Neuhaus. Der Weg führt über die Waldschmidstraße auf schönem, schattigem Almwirtschaftsweg zur bedingt bewirtschafteten Ankelalm inmitten eines großen Almkessels, weiter über den Nordgrat und durch dichten Latschenbewuchs zum Brecherspitzgipfel, 1685 Meter hoch. Beim Abstieg über den seilgesicherten Westgrat ist Trittsicherheit erforderlich. Im Süden bieten freie Almhänge gute Fernsicht. Man erreicht die bewirtschafteten Firstalmen, steigt entweder über Spitzingsattel, Stockeralm und die Josefsthaler Wasserfälle zum Bahnhof Neuhaus ab oder von der Firstalm nach Westen über den Freudenreichsattel zur ebenfalls bewirtschafteten, in einer sonnigen Mulde gelegenen Freudenreichalm, wo einem schon von weitem der Duft von Schmalznudeln entgegenweht. Man verschnauft gerne an diesem geruhsamen Platzerl, bevor man den Rückweg fortsetzt, der in den Bodenschneidweg einmündet. Hier kreuzt sich der für Familienwanderungen ideale Bergweg zur Bodenschneid mit dem herrlichen Wanderweg durch das Tufttal. Auf ihm gelangt man über die untere Krainsberger Alm nach Breitenbach-Schliersee oder zum von Enterrottach über den Kühzackl kommenden alten Tegernseer Wallfahrerweg, der entlang dem wilden Dürnbach über Neuhaus nach Birkenstein führt.

Wild- und Fischreichtum waren wohl mit der Hauptanreiz zur Klostergründung anno 779. Im quellreinen Wasser des Schliersees gediehen prächtig Edelfische: Forellen, Renken,

Brachsen und Saiblinge, die zum Fastenessen im Kloster, bei den Hohenwaldeckern und später beim Kurfürsten und dem Königshaus zur wöchentlichen Tafel gehörten. Der »Hoffischer« hatte für eine geregelte Fischerei zu sorgen und die Verpflichtung, den begehrten Saibling an den Hof zu liefern.

War der reine See mitentscheidend für die Entstehung der Sommerfrische bis zum 1. Weltkrieg gewesen, so führten die sprunghafte Entwicklung zum Höhenkurort und die große Bevölkerungszunahme nach dem 2. Weltkrieg dazu, daß der See die einst so berühmte Wasserqualität einbüßte. Dank finanzieller Opfer der Bürger und großer staatlicher Unterstützung gelang es in jahrelanger Arbeit, eine vorbildliche Ringkanalisation zu schaffen, welche schon 1965 als eine der ersten in Bayern fertiggestellt wurde. Ihr ist es zu verdanken, daß die Badequalität als sehr gut zu bezeichnen ist. Bester Beweis für die Wassergüte ist die reiche Wasserflora, die besonders zwischen Freudenberg und Breitenbach in herrlichen graugrünen Schilfzonen gedeiht, mit idealen Laichplätzen für die Edelfische. Der See ist ein anerkanntes Sportfischerparadies zur Freude aller Sportfischer aus dem Kreis der Einheimischen und Gäste. Neben dem großzügigen Parkstrandbad bieten schöne Freibadeplätze am Westerberg und am Südufer genußvolle Badefreuden. Bootsverleihe vom Ruder- bis Elektro- und Badeboot, Segel- und Windsurfschule runden die Wassersportmöglichkeiten ab.

Wenn der farbenprächtige, schönwetterbeständige Herbst unsere Bergwelt verzaubert und die Gipfel vom ersten Schnee weiß bestäubt sind, dann werden in der schneesicheren Skiregion um den Spitzingsee, die sich von 1100 bis 1900 Meter erstreckt, schon erste Vorbereitungen für die Wintersaison getroffen. Eine Kabinenseilbahn zum Taubenstein und ein Doppelsessellift zum Stümpfling und zur Sutten stellen die Verbindung ins Tegernseer Tal dar und erschließen zu allen Jahreszeiten die Bergwelt. 20 Lifte mit 30 Kilometer Abfahrten erwarten den Ansturm der Skifahrer. Gepflegte Langlaufloipen am Spitzingsee und im Tal – in Schliersee sogar mit Flutlicht –, von Neuhaus bis Bayrischzell zur Landesgrenze, immer im Angesicht des Wendelsteins, erfreuen die Langlaufbegeisterten. Rodel- und Eisstockbahnen, Schlittschuhlaufen auf den Seen oder auf dem Eisplatz am Freudenberg, geräumte Wanderwege bis in 1300 Meter Höhe, Pferdeschlittenfahrten und Drachensegeln ergänzen die Wintersportfreuden.

Wenn ein ausgefüllter Skitag vorüber ist, die Sonne untergeht und Roßkopf und Stümpfling tiefe Schatten werfen, von der St.-Bernhard-Kirche die Abendglocken läuten und das Bergdorf Spitzingsee im Lichterglanz erstrahlt, dann wird's lebendig beim »après ski«: im urgemütlichen »Wirtshaus historische Wurzhütte 1720«, am Kachelofen im »Postgasthof St. Bernhard« oder am offenen Kamin in der Weinstube »Klausenhütte«, im urigen Nachtlokal »Spinnradl« bis über Mitternacht hinaus, im Jagdhof bei stimmungsvollen Zitherklängen oder an der Bar beim Tanz im 4-Sterne-»Arabella-Alpenhotel am Spitzingsee«, dort noch aufgefrischt in der Soletherme oder dem Fitnesszentrum.

Welch ein glücklicher Zufall war es, der Schliersee die Skier bescherte! Das Münchner Buchhändler-Ehepaar Finsterlin brachte 1888 als erste aus Finnland die 3,2 Meter langen Bretter nach Bayern. Mit Freunden des Münchner Eislaufvereins führte man die ersten Fahrversuche im Englischen Garten durch... »Die Polizei erhob den Finger gegen Skilaufen außerhalb des Weges«. Schnell entdeckte man die Schlierseer Berge, vor allem die freien Hänge um den hochgelegenen Spitzingsee. Finsterlins errichteten 1890 das »Café am See« in Fischhausen, später wurde daraus das bekannte Hotel Finsterlin als Hochburg der ersten Skiläufer. Die erste Skitour über den Freudenreichsattel fand im gleichen Jahr statt. Mit Recht darf sich daher Schliersee mit als Wiege des Wintersports in Bayern bezeichnen.

Und wie hat sich seit dieser Pionierzeit im Schlierseer Winkl der Ski- und Wintersport entwickelt! Bereits 1906 fanden die ersten bayerischen Skimeisterschaften mit 25 Kilometer »Dauerlauf« statt, im gleichen Jahr wurde der Skiclub Schliersee gegründet, 1909 erfolgte die Errichtung der ersten Skihütte des akademischen Skiclubs auf den Firstalmen, 1924 Bau der 45-Meter-Sprungschanze in Schliersee durch den Norweger Jens Jäger, 1928 erfolgte die Gründung der Skizunft Neuhaus. 1930 veranstaltete ein Schlierseer Freundeskreis auf der Firstalm den ersten narrischen Skifasching in Deutschland. Inzwischen wurde aus dieser Faschingsgaudi eine Attraktion, die am Faschingssonntag Tausende anlockt. Winter im schneesicheren Skigebiet am Spitzingsee hoch über dem Schliersee – wer davon hört, den erfaßt die Begeisterung für gepflegte Abfahrten, über denen bunte Gleitschirme und Drachenflieger Farbtupfer setzen.

Wen wundert's, daß diesem Winterparadies berühmte Söhne entwuchsen: Luis Simon von der Skizunft Neuhaus, der 1943 Deutscher Meister in der Nordischen Kombination wurde, gründete 1946 die erste Skischule Spitzingsee. Markus Wasmeier wurde 1985 Skiweltmeister im Riesenslalom in Bormio und mehrfacher Weltcupsieger. Peter Bauer war fünffacher Deutscher Meister und sechsfacher Gesamt-Weltcup-Gewinner, inoffizieller Snowboard-Weltmeister 1988 und 14facher Sieger in Weltcuprennen. Er machte diesen neuen Wintersport auch in den Bergen am Spitzingsee heimisch.

Das Winteridyll des Schliersees, der jedes Jahr fast ganz zugefroren ist, lockt mit seinem Spiegeleis Tausende von Schlittschuhläufern an. Die guten Eisverhältnisse gestatteten 1949 die Durchführung der ersten Deutschen Eisschnellauf-Meisterschaften nach dem Kriege auf der 400-Meter-Bahn. Sepp Wieland wurde Deutscher Juniorenmeister im Vierkampf.

Der zweifache Skiweltmeister in der Nordischen Kombination, Gustl Berauer, fand 1944 in Schliersee seine Wahlheimat und gründete nach dem Krieg die erste Skischule in Schliersee. 1957 wurde Hans Schaller Rodelweltmeister, 1985 Hermann Müller Deutscher Juniorenrodelmeister.

Doch nicht nur im Wintersport, auch im Turnen gilt Schliersee als Hochburg. 1968 wurde Klaus Leitner Deutscher Turn-Junioren-Meister im Zwölfkampf, 1976 Adi Merle

Deutscher Meister im Zehnkampf. Sieger in bayerischen und Vizemeister in deutschen Turnfesten wechselten einander ab. Bei der internationalen Sportausscheidung »Spiel ohne Grenzen« in Ludwigsburg waren die heimischen Turner 1977 unter sieben Europaländern Finalsieger und erhielten die goldene Trophäe des Deutschen Fernsehens.

Mit dem Namen Sixtus, unserem Gemeindepatron, dürfen sich die Schlierseer »Sixtuswerke« schmücken, ein Familienbetrieb, der seit 1952 mit seinen Sportpräparaten aus heimischen Alpenkräutern offizieller Ausrüster der deutschen, österreichischen und ungarischen Olympia- und Weltmeistermannschaften ist und den Namen Schliersee in alle Welt hinausträgt.

Das Schlierseer Bauerntheater

»Komödi-Spielen« aus Spaß an der Freud war immer schon die Leidenschaft der Schlierseer. Dies hat als erster der bekannte königliche Hofschauspieler Konrad Dreher vom Gärtnerplatztheater in München, der hier seine Sommerfrische verbrachte, erkannt, und gemeinsam mit dem Gastwirt und Metzgermeister Xaver Terofal, einem talentierten Komödianten und Schuhplattler, gründete er 1892 das »Schlierseer Bauerntheater«. Beiden lag die Leidenschaft, Theater zu spielen, im Blut.

Die Theatertruppe wurde von Dreher aus spielfreudigen, begabten Laien zusammengestellt, welche im bürgerlichen Leben vorwiegend Handwerkerberufe ausübten. Dreher, der die finanziellen und rechtlichen Garantien übernahm, ließ von seinem Freund, dem bekannten Münchner Architekten Emanuel Seidl, den schmucken Zentralbau mit 450 Sitzplätzen erbauen. Mit seiner bäuerlichen Zier und handfesten Altane, als erstes Haus am Platz mit elektrischem Licht ausgestattet, behält dieser Musentempel seine architektonische Gültigkeit bis heute.

Das Theaterensemble wurde bald zum gesellschaftlichen Mittelpunkt für Sommerfrischler und Einheimische. Mit Ludwig Thoma und Ludwig Ganghofer, die am Tegernsee wohnten, waren Dreher und Terofal freundschaftlich verbunden. Ihre Stücke bildeten neben denen von Anzengruber, Nestroy, Rauchenegger, Maximilian Schmid und vielen anderen das feste Repertoire der »Schlierseer«. Ihr Spiel wurde schnell auch über die heimatlichen Grenzen hinaus bekannt. So schrieb einst Peter Rosegger über die Eigenart der Schlierseer: »Sie sind Kunst geworden und Natur geblieben«.

»Wie die Zugvögel verließen die Mitglieder des Ensembles jedes Jahr nach der Saison im Herbst das heimatliche Nest, gingen auf Tournee und kamen im Frühjahr, immer wieder von Heimweh geplagt, in ihre geliebte Heimat zurück.« Für die damalige Zeit beispiellos, wagten sie bereits 1895 eine Gastspielreise nach Amerika. 104 Vorstellungen an der Met von New York, in Milwaukee, Philadelphia, Chicago, Pittsburgh usw. brachten große Erfolge. Mit ihrem Spiel begeisterten sie das Publikum, »Der Andrang war ungeheuer«..., die Zeitungen brachten seitenlange Aufsätze, berichteten vom sensationellen Erfolg. Der Name Schliersee wurde über den Ozean in die Welt hinausgetragen.

Ihre Gastspielreisen führten sie auch in die großen Städte Europas: Wien, Prag, Berlin, Zürich, Budapest. Sogar Könige und Kaiser sowie Fürst Bismarck ergötzten sich an ihrem Spiel. Das Schlierseer Bauerntheater durfte, ohne überheblich zu sein, den Ehrentitel »Musterbühne« beanspruchen: Es war das erste seiner Art. Bald schossen mit mehr oder weniger Erfolg Bauernbühnen nach diesem Vorbild in ganz Oberbayern wie Pilze aus dem Boden.

Die Gründerfamilie hatte leider keine Nachfolger; deshalb schloß im Jahre 1957 das Bauerntheater seine Pforten. Auch der Eigentümer wurde gewechselt. Es folgte für neun Jahre eine theaterlose Zeit – für Schliersee ein großer kultureller Verlust. Durch die unermüdliche Initiative von Sepp Peintner, der 15 Jahre Theaterreferent war, des Ehepaars Haibl-Dreher und von Hartl Sonnenstatter wurde 1965 die Theatergruppe des Volkstrachtenvereins Schliersee wieder gegründet, eine Gruppe, die bereits seit dem Jahr 1912 Komödie spielt.

Was für ein Freudentag am 21. Juni 1966: »D'Schlierseer spielen wieder«. Mit dem Lustspiel »Alles in Ordnung« wird die Tradition des Bauerntheaters weitergeführt. Auch die Mitglieder der Theatergruppe des Volkstrachtenvereins Schliersee sind keine Berufsschauspieler sondern Laien, genauso wie die erste Truppe von 1892, die ihren Berufen als Bauern, Handwerker, Angestellte und Freiberufler nachgehen.

Jenny Dreher, die Tochter des Gründers, und ihr Mann Willi Haibl, blieben die einzigen Berufsschauspieler der Theatergruppe. Jährlich finden etwa 25 Aufführungen statt – vorwiegend bäuerliche Lustspiele – immer vor vollbesetztem Haus. Aber auch zeitnahe Stücke werden gewagt. Dank ausgezeichneter Leiter, wie seit über 15 Jahren Hugo Bauer, idealistischer Spieler und konstanter Besucherzahlen kann die Tradition dieses Theaters am Leben erhalten bleiben. Gute Kritik in Presse, Rundfunk und Fernsehen und kulturelle Auszeichnungen des Bayerischen Staates lassen das Theatervölkchen im ehrwürdigen Musentempel zur Freude der Gäste und Einheimischen hoffnungsvoll in die Zukunft schauen.

Trotzdem zogen wieder dunkle Wolken über diesen Musentempel. In den siebziger Jahren wollten Spekulanten das Gebäude kaufen und einem fremden Zweck zuführen. Der Marktgemeinderat Schliersee beschloß jedoch im Jahre 1980 den Kauf des Bauerntheaters und trug damit der hohen kulturellen Bedeutung dieses Hauses für Schliersee Rechnung. Die tatkräftige Unterstützung liegt seit 1982 in den Händen des »Förderkreises Schlierseer

Bauerntheater«, der Geldmittel beschafft und Mäzene ausfindig macht. Mit diesen Geldern konnte Schritt für Schritt eine gelungene Renovierung und Modernisierung durchgeführt werden.

1992 war ein besonderes Festjahr für die Schlierseer. Mit einer umfangreichen Ausstellung zur Geschichte des Theaters, festlichen Darbietungen und ausführlichen Berichten in den Medien wurde das Jubiläum des einhundertjährigen Bestehens des Bauerntheaters begangen.

Unsere Nachbarn im Urlaubsdreieck
Fischbachau und Bayrischzell

Man weiß, daß in dieser traumhaften Landschaft des Schlierseer Winkls bis hin zum Leitzachtal ein froher, musischer Menschenschlag lebt, dem Kunst und Kultur Lebensbedürfnis sind. Die enge Verbindung mit Fischbachau und Bayrischzell über Jahrhunderte hinweg führte dazu, daß sich diese drei Gemeinden 1970 zu einem »Urlaubsdreieck« zusammenschlossen; denn Kultur, Volks- und Brauchtum kannten noch nie Gemeindegrenzen.

In dem weiten sonnigen Talgrund des Leitzachtales, unter Landschaftsschutz gestellt, liegt das alte Benediktinerkloster-Dorf Fischbachau. Mit seinen alten Siedlungen Elbach, Hundham und Wörnsmühl ist es heute ein bedeutender Erholungsort. Er wird überragt von den Felsmassiven des Breitensteins und des Wendelsteins. Die Gegend ist reich gesegnet mit kostbaren Werken kirchlicher und profaner Kunst: Über hundert Feldkreuze, Marterln, Bildstöcke und Kapellen zieren die heimatliche Flur. Schon 1095 hatte Papst Urban II. das Martinskloster bestätigt. Die ehemalige romanische Probstei-Basilika mit dem Ehrentitel »Päpstliche Basilika« wurde später barockisiert und mit edlem Stuck, Fresken und Plastiken ausgestattet. Die Seitenaltäre im Rokoko erscheinen als Höhepunkte dieser künstlerischen Symphonie. Mit der stattlichen Vierseit-Klosteranlage, abgeschlossen durch eine Mauer und zwei Hofportale, und dem St.-Martins-Münster blieb hier ein großartiges Ensemble erhalten.

Im östlichen Teil des gepflegten Friedhofs mit seinen herrlichen schmiedeeisernen Grabkreuzen steht die uralte Maria-Schutz-Kirche, bereits 1087 geweiht, mit romanischem Langhaus und dem großartigen gotischen Schnitzwerk der Schutzmantelmadonna. Oben auf der Empore befindet sich das reizvolle Orgelpositiv aus der Mitte des 18. Jahrhunderts. Dieses kleine Orgelwerk mit vier Registern hinter einem dreiteiligen Rokokoprospekt ist das einzige im weiten Umkreis, welches in der Fachliteratur über historische Orgeln im süddeutschen Raum Erwähnung findet.

Ein kurzer Wallfahrerweg führt von hier zum volkstümlichsten und romantischsten Marien-Wallfahrtsort des bayerischen Oberlandes: nach Birkenstein, wo sich Barock und Rokoko gegenseitig an Pracht überbieten.

1663 hatte der Pfarrvikar Stiglmaier von Fischbachau an einer Martersäule oberhalb Fischbachaus eine Marienerscheinung. Drei angesehene Bauern der Gegend erfuhren 1709 Gebetserhörungen, wie sie später zahlreiche andere Gläubige ebenfalls erleben durften. Um 1730 entstand deshalb die jetzige Kapelle. Ihr Mittelpunkt ist ein Gnadenbild der Muttergottes mit Kind, das zur Einweihung 1734 in einer großen Prozession vom Münster Fischbachau nach Birkenstein überführt wurde. Die Muttergottes von Birkenstein ist jährlich das Wallfahrtsziel Tausender, die mit ihren Sorgen, aber auch Danksagungen für erlangte Hilfe, den Weg zu diesem Gnadenbild finden. Unzählige wertvolle Votivtafeln geben dafür Zeugnis. Nach den schrecklichen Kriegsjahren kamen 1946 Hunderte von ehemaligen Soldaten nach Birkenstein und dankten für ihre glückliche Heimkehr. Daraus entwickelte sich die große jährliche Trachtenwallfahrt mit über 3000 Männern, Frauen und Jugendlichen im schlichten Trachtengwand des Oberlandler Gauverbandes. Alte Weissagungen, daß im Schutz der »Maria von Birkenstein« nie Katastrophen für Land, Leute und Vieh eintreten würden, mögen sich auch in aller Zukunft bewahrheiten...!

Auf einem wunderschönen Höhenweg wandern wir hinüber nach Elbach zur Pfarrkirche St. Andreas mit dem weithin sichtbaren Zwiebelturm und der hochbarocken Innenausstattung. Daneben steht eines der bedeutendsten Kunstdenkmäler des Landkreises, die Hl.-Blut-Kapelle. Ein künstlerischer Hochgenuß, von der verschwenderischen Altarkomposition bis zum leuchtenden beschwingten Stuck an Decken und Wänden, das der Schlierseer Baumeister und Stukkateur Georg Zwerger 1660 der Nachwelt hinterlassen hat.

Das Leitzachtal gilt als bäuerliche Kulturlandschaft ersten Ranges mit vielen stattlichen Einfirsthöfen und deren Lüftlmalereien. Volksmusik ist hier zu Hause. Wer kennt sie nicht, die Fischbachauer Sängerinnen? Ihrem Beispiel folgten später noch die Roaner Sängerinnen und Nachwuchsgruppen von Sängern, Danzlmusi und Stubenmusi. Die Blaskapelle zählt zu einer der ältesten im Oberland.

Das weite, heitere Leitzachtal, in 770 Meter Höhe, erfreut uns nicht nur im Sommer mit all seinen Schönheiten, den Brauchtumsfesten und dem Warmfreibad inmitten blühender Bauernwiesen mit umfassendem Bergpanorama – es bietet auch im Winter bei strahlender Sonne eine der schönsten Langlaufloipen des Oberlandes im Raume Hundham-Elbach, immer mit Blick auf Breitenstein, Wendelstein und die Kette der Schlierseer Berge.

Den Wendelstein, der das ganze Tal beherrscht, stets vor Augen, fahren wir nach Bayrischzell. Wir machen einen kurzen Halt in Hagenberg und erfreuen uns am Anblick des »Jodlbauer-Hofs«, einem der schönsten und bekanntesten altbayerischen Bauernhäuser. Seine Lüftlmalerei stammt aus dem Jahre 1786, von Meister Johann B. Pöheim. Sie wurde schon um die Jahrhundertwende durch Aufnahme in das Kunstdenkmalarchiv gewürdigt und ging so in die bayerische Kunstgeschichte ein.

Bayrischzell, am Ursprung der Leitzach gelegen, wurde 1076 durch die Gräfin Haziga von Scheyern als »Margarethenzell« gegründet. Dorfmittelpunkt ist die stilvolle Dorfkirche, ein barocker Bau aus dem Jahre 1733 mit reizvollen Gewölbefresken, welche die Gründung von Margarethenzell mit dem Wendelstein im Hintergrund darstellen. Meister Pöheim, der große Lüftlmaler, hat sich selbst in der Seelenkapelle im Friedhof in einem originellen Deckenfresko verewigt.

Kaum ein baulicher Fremdkörper stört das Gebirgs-Kirchdorf und die alten bäuerlichen Siedlungen Geitau, Dorf und Osterhofen mit ihren Einfirsthöfen in reichem Blumenschmuck. Wie malerisch zeigt sich der historische Ortskern von Osterhofen mit der barocken Marienkapelle, 1798 erbaut, mit Deckenfresken von J. B. Pöheim! In unmittelbarer Nähe liegt die Talstation der Wendelstein-Großkabinenbahn. Zur Überwindung des Höhenunterschiedes von 932 Metern benötigt diese nur sieben Minuten. Die Zahnradbahn, erste deutsche Hochgebirgsbahn, fährt seit 1912 bis heute, jedoch modernisiert, von Brannenburg in 35 Minuten gemütlich und kreislaufschonend auf den 1838 Meter hohen Wendelstein. Man kann sich dort oben nicht satt sehen und ist überwältigt von der bis 150 Kilometer reichenden Fernsicht. Der Geopark unter dem Gipfelbereich macht unsere Heimat um eine Attraktion reicher. Auf diesem Pfad lernt man die Geologie dieser Alpenregion kennen: An 38 Plätzen werden durch ausführliche Tafeln Entstehung der Alpen, Gesteinsarten, Versteinerungen und Fossilien und die Böden erklärt, denn das Wendelsteinmassiv verdankt seine Entstehung unzähligen Korallen, Schwämmen und Algen, die in Jahrmillionen unablässig Kalk produzierten und versteinerten. Durch Gebirgsbildung (Faltung, Hebung, Überschiebung und Bruch) und Verwitterung erhielt es seine heutige Gestalt.

Bei der Sonnenterrasse der Bergstation ist auch der Start für sportliche, anspruchsvolle Skifahrer zu einer fünf Kilometer langen Abfahrt bis ins Tal.

Trotz der Entwicklung zu einem bedeutenden heilklimatischen Kurort und Skiparadies am Sudelfeld hat »Bayrischzell, das Wendelsteindorf«, seine Eigenart nicht verloren. Für die Forderungen der Neuzeit aufgeschlossen, besitzt es mit seinem am Südhang gelegenen Warmfreibad, seinen Tennisplätzen, dem Landeplatz für Drachensegler am Ortseingang, einem gut markierten Wander- und Tourengebiet, das zu den vielfältigsten in der Oberlandregion zählt, und mit 200 Kilometern gut markiertem Wanderwegenetz alle Einrichtungen für Gäste und Einheimische. Es kann sich rühmen, daß einer seiner Bürger, der Lehrer Vogl, 1883 den ersten bayerischen Volkstrachtenverein gegründet hat. 1837 ein freudiges Ereignis: die Bayrischzeller Blasmusik wurde gegründet.

Eines der großen und bekannten Skigebiete der bayerischen Alpen ist das sonnige Sudelfeld im Blickfeld des Kaisergebirges. Ein Skiparadies mit 16 Liften und einem Dreier-

Sessellift. Mieseben und Kloaschau sind das beliebte schneesichere Langlaufzentrum, zum Teil grenzüberschreitend nach Tirol, am Fuß des 2000 Meter hohen Sonnwendjochs.

Am Beginn des Aufstiegs zur Rotwand, zu Füßen des über 1000 Meter fast senkrecht ansteigenden Hochmiesing, liegt die Weilersiedlung Geitau. Hier lohnt es sich, Rast zu machen und die äußerlich bescheidene Holzkapelle zu besuchen, die dem benachbarten Gödenbauer gehört. Sehenswert im Inneren sind die wunderschönen Holztafeln des Meisters Pöheim, die nach der Säkularisation des Klosters Fischbachau hierher gelangten.

Neben diesem Kleinod gibt es hier auch eine sportliche Attraktion: den einzigen Segelflugplatz des Landkreises in der Mieseben. Hier ist's eine Freude, dem lautlosen Flugsport mit einer Vielzahl von Segelfliegern zuzuschauen. Dank der günstigen thermischen Verhältnisse in diesem Gebiet wurden schon Streckenflüge mit mehr als 800 Kilometern von Geitau bis Südtirol, Kärnten, in die Schweiz und wieder zurück bewältigt.

Fest- und Brauchtumskalender
Kulturelle Veranstaltungen

In Schliersee:

6. Januar: Dreikönigssingen in der St.-Sixtus-Kirche.

Faschingssonntag: Seit 1930 besteht der Firstalm-Skifasching – eine beliebte Attraktion – europaweit bekannt mit Tausenden von Teilnehmern; selbst TV-Teams aus Japan lassen sich diese Gaudi nicht entgehen.

Palmsonntag: Nach altem Brauch tragen die Buben die kunstvoll gezierten Palmbuschen in einer Prozession zur Kirche.

Jahrtag des Volkstrachtenvereins im Juni: großer Festzug der Trachtler mit Miederdirndln und Schalkfrauen, Spielmannszug und Musikkapelle zur Kirche St. Sixtus.

Im Juni: feierliche Fronleichnamsprozession am Ufer des Sees entlang mit Musikkapelle; ein buntes Bild von Trachten, Fahnen und alten Tragefiguren.

Regelmäßige Kurkonzerte in den Kuranlagen direkt am See.

In der Sonnwendnacht leuchten von den Berggipfeln die Feuer.

Im Juli der Jahrtag der Gebirgsschützenkompanien mit Marketenderinnen und Salutzug.

Klassische Kammerkonzerte mit bekannten Ensembles und Solisten.

Im Sommer spielt jede Woche das Schlierseer Bauerntheater. Dazwischen finden die beliebten Heimatabende mit Musikgruppen, Jodlern, Schuhplattlern und Goaßlschnalzern statt.

Anfang August Kirchtag, der sogenannte »kloana Kirta«, zum Pfarrpatrozinium St. Sixtus: Über ein Dutzend mit Blumengirlanden und Bögen geschmückte Holzruderboote – die Teilnehmer in historischer Tracht um 1800 – fahren wie anno dazumal von Fischhausen nach Schliersee zu Hochamt und Festzug.

Am Mariä Himmelfahrtstag, dem 15. August, auch Frauentag genannt, tragen Frauen und Kinder Kräuterbuschen zur Kräuterweihe in die Kirche.

Zum Sommer in Oberbayern gehören aber auch Waldfeste. In Schliersee werden die Besucher von Blasmusik und dem Duft von Brathendln in einen bezaubernden Park gelockt. Die sich im Ländlertakt drehenden Dirndl mit ihren Schuhplattlern und den geschickten Goaßlschnalzern sind ein lebendiger Ausdruck oberbayrischer Festtagsfreude.

Bereits an den Pfingsttagen feiert der Eisclub in frühlingshafter Landschaft das erste große Fest. Am 15. August dann veranstaltet der Skiclub Schliersee sein traditionelles, vier Tage dauerndes Waldfest.

Ende September beginnt der Almabtrieb von den 28 Almen im Gemeindebereich. Festlich »aufbuscht und aufkranzt« ziehen die Viehherden unter dem vielstimmigen Klang der Glocken ins Tal hinab in den heimischen Stall. Voran die Sennerin und der Kühbub, die das ihnen anvertraute Vieh glücklich ohne Schaden über den Bergsommer gebracht haben.

Das größte Heimatfest zum Jahresausklang vereint die Bevölkerung aus nah und fern am Sonntag um den 6. November zur althergebrachten »Leonhardiwallfahrt«, einer der ältesten und bekanntesten in Bayern, die von Schliersee den See entlang nach Fischhausen führt. Ungefähr 50 Vierspänner aus dem Schlierach- und Leitzachtal, ja selbst vom Tegernsee, versammeln sich vor der farbenprächtigen Kulisse des herbstlichen Tales mit schon angeschneiten Berggipfeln.

Wenn die ersten Schneeflocken fallen, ist es Zeit für das bereits seit 1965 zur Tradition gewordene Adventssingen im Bauerntheater durch den Schlierseer Viergesang, mit bekannten Volksmusikgruppen. Jetzt beginnt die »stade Zeit«. Der Christkindlmarkt lockt mit Lebkuchen, Glühwein und dem Duft von gebrannten Mandeln. Wenn dann noch der Nikolaus mit dem Pferdeschlitten vorfährt, leuchten die Kinderaugen und bei den Erwachsenen werden Kindheitserinnerungen wach.

In Fischbachau:

Regelmäßig Kurkonzerte zwischen Pfingsten und September.

Fischbachauer Kammerkonzerte im altehrwürdigen Benediktiner-Kloster und dem stilvollen Innenhof wechseln mit Volksmusikabenden ab.

Christi-Himmelfahrt: die große Trachtenwallfahrt des Oberland-Gauverbandes mit 3000 Teilnehmern nach Birkenstein.

Samstag um den 6. November: große Leonhardifahrt in Hundham.

In Bayrischzell:

Im Sommer: Kurkonzerte, Theatervorstellungen, Heimatabende, Dorf-, Wald- und Zeltfeste, geführte Rad-, Blumen-, Alpenflora-, Wander- und Bergtouren.

Im Winter: Fackelwanderungen, Hüttenabende, Eisstockschießen, Skiwettkämpfe für Gäste.

Mit dem Heiligen Abend und der alpenländischen Christmette in der St.-Sixtus-Pfarrkirche Schliersee, St. Bernhard am Spitzingsee, St. Martin in Fischbachau und St. Margareth in Bayrischzell in verschneiter Landschaft und im Lichterglanz der Kerzen, neigt sich das Jahr in friedvollem Ausklang dem Ende zu.

Literaturnachweis

Charivari. Die Zeitschrift für Kunst, Kultur und Leben in Bayern. Bergemann & Mayr, Miesbach, Mai 1990.

Landkreis Miesbach. Herausgegeben in Zusammenarbeit mit dem Landkreis Miesbach. Erarbeitet und gestaltet in der Charivari-Redaktion. Bergemann & Mayr, Miesbach, 1989.

Kratzsch, Klaus: *Landkreis Miesbach. Ensembles, Baudenkmäler, Archäologische Geländedenkmäler.* Unter Mitarbeit von Sixtus Lampl. Denkmäler in Bayern, Band I.15. Schnell & Steiner, München und Zürich, 1986.

Pause, Walter: *Wer viel geht, fährt gut. 50 Wandertips für kluge Autofahrer. Band I: Zwischen München und Salzburg.* Unter Mitarbeit von Klaus Kratzsch. Schnell & Steiner, München, 1967.

Schliersee. Schnell-Kunstführer Nr. 554. Schnell & Steiner, München und Zürich, 1984.

Schliersee 779–1979. Eine Chronik zum Jubiläum. Herausgegeben vom Markt Schliersee, 1978.

Wolf, Alois: *Heimatmuseum Schliersee.* Die bayerischen Heimatmuseen, Band VIII. Schliersee 1979.

Vignau, Ilka von: *Tegernsee, Schliersee, Leitzachtal.* Prestel-Verlag, München, 1980.

Bildteil

Pfarrkirche St. Sixtus (erbaut 1712–1715) im Ortskern von Schliersee

Frühling am Sonnleiten-Höhenweg beim Rißbauern

Seeanlagen im Schlierseer Kurpark mit Brecherspitz und Westerbergen

Blick von der Halbinsel Freudenberg

Blick von St. Georg am Weinberg auf Westerberge und Brecherspitze

Eines der ältesten Häuser von Schliersee: das Ledererhaus (erbaut 1506)

Beim »Bot–Mair«, einst Münchner Bote

Volkstanz vor dem Schlierseer Bauerntheater

Stubenmusik im Schlierseer Bauerntheater. Im Hintergrund der Bühnenvorhang
von 1892 mit Darstellung einer Theaterszene, bei der die Gründer Konrad Dreher (mit Gitarre)
und Xaver Terofal (in der Türe) mitwirken.

Unter dem Schutz der Madonna (Jan Pollak, 1494) in St. Sixtus

Jahrtag in St. Sixtus

Gebet vor St. Georg am Weinberg

44

Auf dem Friedhof St. Martin in Westenhofen

Schnappschuß

Das Schlierseer Trommlerkorps steht auf festen Beinen

Alt-Schlierseer Tracht nach Quaglio (um 1800)

Festtag in Schliersee

Schlierseer historische Gebirgsschützen (seit 1630)

Marketenderinnen der Schlierseer Gebirgsschützen

Gemütlicher Ratsch

Schlierseer Dirndl in alter Tracht

Jubiläumsbrunnen zur Erinnerung an die 1200-Jahrfeier im Jahr 1979
vor dem Schlierseer Heimatmuseum

Alt-Schlierseer Kirchtag, Fahrt von Fischhausen
nach Schliersee zum Sixtus-Patrozinium

Kurs auf Schliersee

Badefreuden in Fischhausen

Tradition und Moderne

Am Schliersee ist es auch bei Regen schön

Abenddämmerung in Fischhausen

Gewitter über dem Schliersee

Abendfrieden über Westenhofen

Das Schlierseer Seefest vom Weinberg gesehen

Beschauliche Ruhe mit Blick auf die Insel Wörth, Fischhausen,
Westerberge und Bodenschneid

Herbsttag auf der Schlierseer Seestraße

Blick von der Burgruine Hohenwaldeck in den einstigen nördlichen Herrschaftsbereich

Abendlicher Ausblick von der Spitzing-Alpenstraße

Aussicht von der Gindelalm zum Breitenstein und Wendelstein

Ikarus über Schliersee im Spätwinter

Vergnügen auf dem Schlierseer Spiegeleis

Wintertag mit Brecherspitz und Dürnbachwand

Christkindlmarkt in Schliersee

Schlierseer Weihnacht

Tour vom Rauhkopf zum Jägerkamp (1760 m)

Auf der Firstalm im Spitzingseegebiet

Seit 1930 wird auf der Firstalm der Skifasching auch mit
originellen Schlittenkreationen gefeiert

Die fantastischen Faschingsschlitten auf der Firstalm donnern
auf halsbrecherischer Fahrt ins Tal

Wintermärchen am Spitzingsee

Bergdorf Spitzingsee (1100 m) mit St.-Bernhard-Kirche

Spitzingseer Reflexionen

Rast am Soinsee, im Hintergrund Ruchenköpfe und Miesing

Am Miesingsattel

Rotwandgipfel (1885 m) mit Zugspitze und Wetterstein

Miesbacher Alpenfleckvieh auf der Ochsenalm in der Valepp

Junge Sennerin in Geitau

Aufbuschen

Almabtrieb im Kleintiefental

Almabtrieb durch Schliersee

Seit 1657 wird die Leonhardifahrt in Fischhausen begangen

Oberlandler Pferde mit Truhenwagen bei der Fischhausener Leonhardifahrt

Schlierseer Pfarrherren bei der Segnung an Leonhardi

Auracher Filze mit Breitenstein und Wendelstein

An der Leitzach in Geitau

Bayrischzell – das Wendelsteindorf

Pfarrkirche St. Margareth in Bayrischzell

Blick von Osterhofen auf den Wendelstein

Der Zellerhof in Bayrischzell

Der älteste Trachtenverein Deutschlands wurde 1883 in Bayrischzell gegründet

Zeller Miederdirndl

Bergtour im Grenzgebirge Sonnwendjoch

Mit dem Mountainbike im Klooaschertal

Sonne über dem Nebelmeer am Brecherspitzgipfel

Skinachwuchs am Sudelfeld

Fahrt auf den Wendelstein

Auf dem Wendelstein

Zutrauliche Begrüßung beim Jodlbauern in Hagenberg bei Fischbachau ...

... wo es sich in paradiesischer Ruhe träumen läßt

Leitzachtal mit Breitenstein

St. Martin in Fischbachau

Im Martinsmünster

In der Maria-Schutzkirche von Fischbachau

111

In Birkenstein

Vor dem Birkensteiner Gnadenbild

In Elbach

Leonhardifahrt in Hundham

Kalvarienberg in Birkenstein

Anhang

Register

Die *kursiv* gedruckten Zahlen bezeichnen die Bildseiten

Der Schlierseer Winkl

R. Peter Bachhuber

Geboren in München, Besuch des Humanistischen Gymnasiums in Ettal und Studium der Pharmazie in München. Seit 1979 Apotheker in Rottach-Egern. Nebenberuflich als Fotograf, Maler und Schriftsteller tätig.

Friedl Wegmann

Geboren in Schliersee, selbständiger Architekt, seit 1954 1. Vorsitzender des »Fremdenverkehrsvereins Schliersee 1882 e. V.«, eines der ältesten in Bayern. Initiator des »Urlaubsdreiecks Schliersee – Bayrischzell – Fischbachau«. Bayerische Staatsmedaille in Silber für ehrenamtliche besondere Verdienste um den heimischen Fremdenverkehr im Schlierseer Winkl.

Von R. Peter Bachhuber
sind im OREOS Verlag erschienen:

Geliebtes Tegernseer Tal

108 Seiten im Format 19,5 x 26,5 cm, 79 farbige Fotos.
3. Auflage 1992

Im Herzen Oberbayerns

Das Miesbacher Land
144 Seiten im Format 23 x 25 cm, 96 farbige Fotos.
3. Auflage 1992

Bilder aus Oberbayern

152 Seiten im Format 27 x 25,5 cm, 120 farbige Fotos,
Texte zweisprachig deutsch und englisch
1. Auflage 1989

Hinweis für fotografisch Interessierte

Die Aufnahmen für dieses Buch entstanden zum größten Teil mit Leica-Spiegelreflexkameras und -objektiven. Es fanden Brennweiten von 28 bis 180 mm, sowie ein Telekonverter Verwendung. Die hohe Abbildungsqualität dieser Linsen bereits bei offener Blende gestattete auch unter schlechten Lichtverhältnissen das Arbeiten ohne Stativ.